Dieses Buch gehört:

_____

Bibliografische Informationen der Deutschen Nationalbibliothek:
Die Deutsche Nationalbibliothek verzeichnet diese Publikation in der Deutschen
Nationalbibliographie; detaillierte bibliografische Daten sind im Internet über
http://dnb.dnb.de abrufbar.

1. Auflage
April 2018 Copyright © 2018
by Ebru Adin, Fichtestr. 26, 64625 Bensheim
Alle Rechte vorbehalten.
Inhalt: Ebru Adin
Coverdesign: Ebru Adin

Herstellung und Verlag:
BoD – Books in Demand GmbH, Noderstedt.
ISBN: 9783752833843

www.ebruadin.de

my book journey

»Ganz viel Spaß beim Schreiben deiner Geschichte.«

Plane deine Welt

Fang an

Start:

Deadline:

Genre:

Playlist

_____

_____

_____

_____

_____

_____

_____

_____

_____

_____

_____

_____

_____

Meine Ideen

Welchen Titel gebe ich dir?

Inspirierende Zitate

Erzählperspektiven

Schreibe Beispielsätze, um deine passende Perspektive zu finden.

Ich-Erzählperspektive

Personale Erzählperspektive

Erzählperspektiven

Schreibe Beispielsätze, um deine passende Perspektive zu finden.

Auktoriale Erzählperspektive

Neutrale Erzählperspektive

OH! DAS BRAUCHE ICH NOCH...

Das muss ich noch

RECHERCHIEREN

Das muss ich noch

RECHERCHIEREN

Pinnwand

Wer sind meine Charaktere...

Gedanken meines Protagonisten

Gedanken meines Antagonisten

Wer bist du?

_____

Geschlecht: Alter:

weiblich   männlich   Geburtsdatum:

                                                     Gestorben:

                                                     Wohnort:

Ich bin...   GUT:

                        BÖSE:

                        ÜBERLEGE NOCH, WAS ICH SEIN WILL...:

Familie: Beziehungen:

Wie siehst du aus?

Augenfarbe:

Kleidungsstil:

Haare:

Besondere Merkmale:

Größe:

Gewicht:

Ängste:

Negative Eigenschaften	Positive Eigenschaften

Träume:

Ziele:

Schönste Erinnerung:

Schlimmste Erinnerung:

Notiz:

Beschreibe deinen Charakter mit
eigenen Worten:

Wer bist du?

_____

Geschlecht: Alter:

weiblich   männlich   Geburtsdatum:

                                      Gestorben:

                                      Wohnort:

Ich bin...   GUT:

                      BÖSE:

            ÜBERLEGE NOCH, WAS ICH SEIN WILL...:

Familie: Beziehungen:

Wie siehst du aus?

Augenfarbe:

Kleidungsstil:

Haare:

Besondere Merkmale:

Größe:

Gewicht:

Ängste:

Negative Eigenschaften	Positive Eigenschaften

Träume:

Ziele:

Schönste Erinnerung:

Schlimmste Erinnerung:

Notiz:

Beschreibe deinen Charakter mit
eigenen Worten:

Wer bist du?

Geschlecht: Alter:

weiblich   männlich   Geburtsdatum:

                                                      Gestorben:

                                                      Wohnort:

Ich bin...

GUT:

BÖSE:

ÜBERLEGE NOCH, WAS ICH SEIN WILL...:

Familie: Beziehungen:

Wie siehst du aus?

Augenfarbe:

Kleidungsstil:

Haare:

Besondere Merkmale:

Größe:

Gewicht:

Ängste:

Negative Eigenschaften	Positive Eigenschaften

Träume:

Ziele:

Schönste Erinnerung: Schlimmste Erinnerung:

Notiz:

Beschreibe deinen Charakter mit eigenen Worten:

Wer bist du?

_____

Geschlecht: Alter:

weiblich   männlich   Geburtsdatum:

                                     Gestorben:

                                     Wohnort:

Ich bin...

GUT:

BÖSE:

ÜBERLEGE NOCH, WAS ICH SEIN WILL...:

Familie: Beziehungen:

Wie siehst du aus?

Augenfarbe:

Haare:

Größe:

Gewicht:

Kleidungsstil:

Besondere Merkmale:

Ängste:

Negative Eigenschaften	Positive Eigenschaften

Träume:

Ziele:

Schönste Erinnerung:

Schlimmste Erinnerung:

Notiz:

Beschreibe deinen Charakter mit eigenen Worten:

Wer bist du?

_____

Geschlecht: Alter:

weiblich   männlich   Geburtsdatum:

                                   Gestorben:

                                   Wohnort:

Ich bin...   GUT:

                  BÖSE:

        ÜBERLEGE NOCH, WAS ICH SEIN WILL...:

Familie: Beziehungen:

Wie siehst du aus?

Augenfarbe: Kleidungsstil:

Haare:

                                      Besondere Merkmale:

Größe:

Gewicht:

Ängste:

Negative Eigenschaften	Positive Eigenschaften

Träume:

Ziele:

Schönste Erinnerung:

Schlimmste Erinnerung:

Notiz:

Beschreibe deinen Charakter mit eigenen Worten:

Wer bist du?

_____

Geschlecht: Alter:

weiblich   männlich   Geburtsdatum:

                                     Gestorben:

                                     Wohnort:

Ich bin...   GUT:

                      BÖSE:

              ÜBERLEGE NOCH, WAS ICH SEIN WILL...:

Familie: Beziehungen:

Wie siehst du aus?

Augenfarbe:

Kleidungsstil:

Haare:

Besondere Merkmale:

Größe:

Gewicht:

Ängste:

Negative Eigenschaften	Positive Eigenschaften

Träume:

Ziele:

Schönste Erinnerung: Schlimmste Erinnerung:

Notiz: Beschreibe deinen Charakter mit
                          eigenen Worten:

Wer bist du?

_____

Geschlecht: Alter:

weiblich   männlich   Geburtsdatum:

                                               Gestorben:

                                               Wohnort:

Ich bin...	GUT:
	BÖSE:
	ÜBERLEGE NOCH, WAS ICH SEIN WILL...:

Familie: Beziehungen:

Wie siehst du aus?

Augenfarbe:

Kleidungsstil:

Haare:

Besondere Merkmale:

Größe:

Gewicht:

Ängste:

Negative Eigenschaften	Positive Eigenschaften

Träume:

Ziele:

Schönste Erinnerung: Schlimmste Erinnerung:

Notiz: Beschreibe deinen Charakter mit
                                    eigenen Worten:

Wer bist du?

_____

Geschlecht: Alter:

weiblich   männlich   Geburtsdatum:

                                     Gestorben:

                                     Wohnort:

Ich bin...   GUT:

                  BÖSE:

ÜBERLEGE NOCH, WAS ICH SEIN WILL...:

Familie: Beziehungen:

Wie siehst du aus?

Augenfarbe:

Kleidungsstil:

Haare:

Besondere Merkmale:

Größe:

Gewicht:

Ängste:

Negative Eigenschaften	Positive Eigenschaften

Träume:

Ziele:

Schönste Erinnerung:

Schlimmste Erinnerung:

Notiz:

Beschreibe deinen Charakter mit eigenen Worten:

Wer bist du?

_____

Geschlecht: Alter:

weiblich   männlich   Geburtsdatum:

                                               Gestorben:

                                               Wohnort:

Ich bin...   GUT:

                    BÖSE:

          ÜBERLEGE NOCH, WAS ICH SEIN WILL...:

Familie: Beziehungen:

Wie siehst du aus?

Augenfarbe:

Kleidungsstil:

Haare:

Besondere Merkmale:

Größe:

Gewicht:

Ängste:

Negative Eigenschaften	Positive Eigenschaften

Träume:

Ziele:

Schönste Erinnerung: Schlimmste Erinnerung:

Notiz: Beschreibe deinen Charakter mit
                       eigenen Worten:

Wer bist du?

_____

Geschlecht: Alter:

weiblich   männlich   Geburtsdatum:

                               Gestorben:

                               Wohnort:

Ich bin...   GUT:

                  BÖSE:

        ÜBERLEGE NOCH, WAS ICH SEIN WILL...:

Familie: Beziehungen:

Wie siehst du aus?

Augenfarbe:

Kleidungsstil:

Haare:

Besondere Merkmale:

Größe:

Gewicht:

Ängste:

Negative Eigenschaften	Positive Eigenschaften

Träume:

Ziele:

Schönste Erinnerung: Schlimmste Erinnerung:

Notiz:

Beschreibe deinen Charakter mit
eigenen Worten:

Wer bist du?

_____

Geschlecht: Alter:

weiblich   männlich   Geburtsdatum:

                                     Gestorben:

                                     Wohnort:

GUT:

Ich bin...   BÖSE:

ÜBERLEGE NOCH, WAS ICH SEIN WILL...:

Familie: Beziehungen:

Wie siehst du aus?

Augenfarbe:

Kleidungsstil:

Haare:

Besondere Merkmale:

Größe:

Gewicht:

Ängste:

Negative Eigenschaften	Positive Eigenschaften

Träume:

Ziele:

Schönste Erinnerung:

Schlimmste Erinnerung:

Notiz:

Beschreibe deinen Charakter mit
eigenen Worten:

Wer bist du?

_____

Geschlecht: Alter:

weiblich   männlich   Geburtsdatum:

                                               Gestorben:

                                               Wohnort:

Ich bin...   GUT:

                  BÖSE:

        ÜBERLEGE NOCH, WAS ICH SEIN WILL...:

Familie: Beziehungen:

Wie siehst du aus?

Augenfarbe:

Kleidungsstil:

Haare:

Besondere Merkmale:

Größe:

Gewicht:

Ängste:

Negative Eigenschaften	Positive Eigenschaften

Träume:

Ziele:

Schönste Erinnerung: Schlimmste Erinnerung:

Notiz:

Beschreibe deinen Charakter mit
eigenen Worten:

Wer bist du?

_____

Geschlecht: Alter:

weiblich   männlich   Geburtsdatum:

                                     Gestorben:

                                     Wohnort:

Ich bin...   GUT:

                    BÖSE:

          ÜBERLEGE NOCH, WAS ICH SEIN WILL...:

Familie: Beziehungen:

Wie siehst du aus?

Augenfarbe: Kleidungsstil:

Haare:
                               Besondere Merkmale:

Größe:

Gewicht:

Ängste:

Negative Eigenschaften	Positive Eigenschaften

Träume:

Ziele:

Schönste Erinnerung:

Schlimmste Erinnerung:

Notiz:

Beschreibe deinen Charakter mit eigenen Worten:

Wer bist du?

_____

Geschlecht: Alter:

weiblich   männlich   Geburtsdatum:

                                     Gestorben:

                                     Wohnort:

Ich bin...   GUT:

                    BÖSE:

          ÜBERLEGE NOCH, WAS ICH SEIN WILL...:

Familie: Beziehungen:

Wie siehst du aus?

Augenfarbe:

Kleidungsstil:

Haare:

Besondere Merkmale:

Größe:

Gewicht:

Ängste:

Negative Eigenschaften	Positive Eigenschaften

Träume:

Ziele:

Schönste Erinnerung:

Schlimmste Erinnerung:

Notiz:

Beschreibe deinen Charakter mit
eigenen Worten:

Wer bist du?

_____

Geschlecht: Alter:

weiblich   männlich   Geburtsdatum:

                                     Gestorben:

                                     Wohnort:

Ich bin...   GUT:

                  BÖSE:

        ÜBERLEGE NOCH, WAS ICH SEIN WILL...:

Familie: Beziehungen:

Wie siehst du aus?

Augenfarbe:

Kleidungsstil:

Haare:

Besondere Merkmale:

Größe:

Gewicht:

Ängste:

Negative Eigenschaften	Positive Eigenschaften

Träume:

Ziele:

Schönste Erinnerung:

Schlimmste Erinnerung:

Notiz:

Beschreibe deinen Charakter mit eigenen Worten:

Wer bist du?

Geschlecht: Alter:

weiblich   männlich   Geburtsdatum:

Gestorben:

Wohnort:

Ich bin...   GUT:

BÖSE:

ÜBERLEGE NOCH, WAS ICH SEIN WILL...:

Familie: Beziehungen:

Wie siehst du aus?

Augenfarbe: Kleidungsstil:

Haare: Besondere Merkmale:

Größe:

Gewicht:

Ängste:

Negative Eigenschaften	Positive Eigenschaften

Träume:

Ziele:

Schönste Erinnerung: Schlimmste Erinnerung:

Notiz: Beschreibe deinen Charakter mit
                          eigenen Worten:

Wer bist du?

_____

Geschlecht: Alter:

weiblich   männlich   Geburtsdatum:

                                 Gestorben:

                                 Wohnort:

Ich bin...   GUT:

                    BÖSE:

          ÜBERLEGE NOCH, WAS ICH SEIN WILL...:

Familie: Beziehungen:

Wie siehst du aus?

Augenfarbe:

Kleidungsstil:

Haare:

Besondere Merkmale:

Größe:

Gewicht:

Ängste:

Negative Eigenschaften	Positive Eigenschaften

Träume:

Ziele:

Schönste Erinnerung:

Schlimmste Erinnerung:

Notiz:

Beschreibe deinen Charakter mit
eigenen Worten:

Wer bist du?

_____

Geschlecht: Alter:

weiblich   männlich   Geburtsdatum:

                                 Gestorben:

                                 Wohnort:

$Ich\ bin...$ GUT:

                      BÖSE:

        ÜBERLEGE NOCH, WAS ICH SEIN WILL...:

Familie: Beziehungen:

Wie siehst du aus?

Augenfarbe:

Kleidungsstil:

Haare:

Besondere Merkmale:

Größe:

Gewicht:

Ängste:

Negative Eigenschaften	Positive Eigenschaften

Träume:

Ziele:

Schönste Erinnerung: Schlimmste Erinnerung:

Notiz: Beschreibe deinen Charakter mit
                      eigenen Worten:

Wer bist du?

_____

Geschlecht: Alter:

weiblich   männlich   Geburtsdatum:

                                                Gestorben:

                                                Wohnort:

Ich bin...   GUT:

                    BÖSE:

ÜBERLEGE NOCH, WAS ICH SEIN WILL...:

Familie: Beziehungen:

Wie siehst du aus?

Augenfarbe:

Kleidungsstil:

Haare:

Besondere Merkmale:

Größe:

Gewicht:

Ängste:

Negative Eigenschaften	Positive Eigenschaften

Träume:

Ziele:

Schönste Erinnerung:　　　　　Schlimmste Erinnerung:

Notiz:　　　　　Beschreibe deinen Charakter mit
eigenen Worten:

Wer bist du?

Geschlecht: Alter:

weiblich   männlich   Geburtsdatum:

                                    Gestorben:

                                    Wohnort:

Ich bin...   GUT:

                    BÖSE:

        ÜBERLEGE NOCH, WAS ICH SEIN WILL...:

Familie: Beziehungen:

Wie siehst du aus?

Augenfarbe:

Kleidungsstil:

Haare:

Besondere Merkmale:

Größe:

Gewicht:

Ängste:

Negative Eigenschaften	Positive Eigenschaften

Träume:

Ziele:

Schönste Erinnerung:

Schlimmste Erinnerung:

Notiz:

Beschreibe deinen Charakter mit eigenen Worten:

Nebencharaktere

Name:

Alter:

Geburtsdatum:

Geschlecht:

Wohnort:

Status:

Familie:

Haare:

Augenfarbe:

Gewicht:

Größe:

Kleidung:

Besondere Merkmale:

Charaktereigenschaft:

Name:

Alter:

Geburtsdatum:

Geschlecht:

Wohnort:

Status:

Familie:

Haare:

Augenfarbe:

Gewicht:

Größe:

Kleidung:

Besondere Merkmale:

Charaktereigenschaft:

Name:

Alter:

Geburtsdatum:

Geschlecht:

Wohnort:

Status:

Familie:

Haare:

Augenfarbe:

Gewicht:

Größe:

Kleidung:

Besondere Merkmale:

Charaktereigenschaft:

Name:

Alter:

Geburtsdatum:

Geschlecht:

Wohnort:

Status:

Familie:

Haare:

Augenfarbe:

Gewicht:

Größe:

Kleidung:

Besondere Merkmale:

Charaktereigenschaft:

Name:

Alter:

Geburtsdatum:

Geschlecht:

Wohnort:

Status:

Familie:

Haare:

Augenfarbe:

Gewicht:

Größe:

Kleidung:

Besondere Merkmale:

Charaktereigenschaft:

Name:

Alter:

Geburtsdatum:

Geschlecht:

Wohnort:

Status:

Familie:

Haare:

Augenfarbe:

Gewicht:

Größe:

Kleidung:

Besondere Merkmale:

Charaktereigenschaft:

Name:

Alter:

Geburtsdatum:

Geschlecht:

Wohnort:

Status:

Familie:

Haare:

Augenfarbe:

Gewicht:

Größe:

Kleidung:

Besondere Merkmale:

Charaktereigenschaft:

Name:

Alter:

Geburtsdatum:

Geschlecht:

Wohnort:

Status:

Familie:

Haare:

Augenfarbe:

Gewicht:

Größe:

Kleidung:

Besondere Merkmale:

Charaktereigenschaft:

Name:

Alter:

Geburtsdatum:

Geschlecht:

Wohnort:

Status:

Familie:

Haare:

Augenfarbe:

Gewicht:

Größe:

Kleidung:

Besondere Merkmale:

Charaktereigenschaft:

Name:

Alter:

Geburtsdatum:

Geschlecht:

Wohnort:

Status:

Familie:

Haare:

Augenfarbe:

Gewicht:

Größe:

Kleidung:

Besondere Merkmale:

Charaktereigenschaft:

Name:

Alter:

Geburtsdatum:

Geschlecht:

Wohnort:

Status:

Familie:

Haare:

Augenfarbe:

Gewicht:

Größe:

Kleidung:

Besondere Merkmale:

Charaktereigenschaft:

Name:

Alter:

Geburtsdatum:

Geschlecht:

Wohnort:

Status:

Familie:

Haare:

Augenfarbe:

Gewicht:

Größe:

Kleidung:

Besondere Merkmale:

Charaktereigenschaft:

Name:

Alter:

Geburtsdatum:

Geschlecht:

Wohnort:

Status:

Familie:

Haare:

Augenfarbe:

Gewicht:

Größe:

Kleidung:

Besondere Merkmale:

Charaktereigenschaft:

Name:

Alter:

Geburtsdatum:

Geschlecht:

Wohnort:

Status:

Familie:

Haare:

Augenfarbe:

Gewicht:

Größe:

Kleidung:

Besondere Merkmale:

Charaktereigenschaft:

Name:

Alter:

Geburtsdatum:

Geschlecht:

Wohnort:

Status:

Familie:

Haare:

Augenfarbe:

Gewicht:

Größe:

Kleidung:

Besondere Merkmale:

Charaktereigenschaft:

Name:

Alter:

Geburtsdatum:

Geschlecht:

Wohnort:

Status:

Familie:

Haare:

Augenfarbe:

Gewicht:

Größe:

Kleidung:

Besondere Merkmale:

Charaktereigenschaft:

Name:

Alter:

Geburtsdatum:

Geschlecht:

Wohnort:

Status:

Familie:

Haare:

Augenfarbe:

Gewicht:

Größe:

Kleidung:

Besondere Merkmale:

Charaktereigenschaft:

Name:

Alter:

Geburtsdatum:

Geschlecht:

Wohnort:

Status:

Familie:

Haare:

Augenfarbe:

Gewicht:

Größe:

Kleidung:

Besondere Merkmale:

Charaktereigenschaft:

Name:

Alter:

Geburtsdatum:

Geschlecht:

Wohnort:

Status:

Familie:

Haare:

Augenfarbe:

Gewicht:

Größe:

Kleidung:

Besondere Merkmale:

Charaktereigenschaft:

Name:

Alter:

Geburtsdatum:

Geschlecht:

Wohnort:

Status:

Familie:

Haare:

Augenfarbe:

Gewicht:

Größe:

Kleidung:

Besondere Merkmale:

Charaktereigenschaft:

Tore in meine Welt

Meine Welt

Wie heißt meine Welt?

Wie heißt meine Welt?

Meine Kapitel

Kapitel:

Charaktere:

Handlung:

Wichtige Notiz

Kapitel Ziel:

Kapitel:

Charaktere:

Handlung:

Wichtige Notiz

Kapitel Ziel:

Kapitel:

Charaktere:

Handlung:

Wichtige Notiz

Kapitel Ziel:

Kapitel:

Charaktere:

Handlung:

Wichtige Notiz

Kapitel Ziel:

Kapitel:

Charaktere:

Handlung:

Wichtige Notiz

Kapitel Ziel:

Kapitel:

Charaktere:

Handlung:

Wichtige Notiz

Kapitel Ziel:

Kapitel:

Charaktere:

Handlung:

Wichtige Notiz

Kapitel Ziel:

Kapitel:

Charaktere:

Handlung:

Wichtige Notiz

Kapitel Ziel:

Kapitel:

Charaktere:

Handlung:

Wichtige Notiz

Kapitel Ziel:

Kapitel:

Charaktere:

Handlung:

Wichtige Notiz

Kapitel Ziel:

Kapitel:

Charaktere:

Handlung:

Wichtige Notiz

Kapitel Ziel:

Kapitel:

Charaktere:

Handlung:

Wichtige Notiz

Kapitel Ziel:

Kapitel:

Charaktere:

Handlung:

Wichtige Notiz

Kapitel Ziel:

Kapitel:

Charaktere:

Handlung:

Wichtige Notiz

Kapitel Ziel:

Kapitel:

Charaktere:

Handlung:

Wichtige Notiz

Kapitel Ziel:

Kapitel:

Charaktere:

Handlung:

Wichtige Notiz

Kapitel Ziel:

Kapitel:

Charaktere:

Handlung:

Wichtige Notiz

Kapitel Ziel:

Kapitel:

Charaktere:

Handlung:

Wichtige Notiz

Kapitel Ziel:

Kapitel:

Charaktere:

Handlung:

Wichtige Notiz

Kapitel Ziel:

Kapitel:

Charaktere:

Handlung:

Wichtige Notiz

Kapitel Ziel:

Kapitel:

Charaktere:

Handlung:

Wichtige Notiz

Kapitel Ziel:

Kapitel:

Charaktere:

Handlung:

Wichtige Notiz

Kapitel Ziel:

Kapitel:

Charaktere:

Handlung:

Wichtige Notiz

Kapitel Ziel:

Kapitel:

Charaktere:

Handlung:

Wichtige Notiz

Kapitel Ziel:

Kapitel:

Charaktere:

Handlung:

Wichtige Notiz

Kapitel Ziel:

Kapitel:

Charaktere:

Handlung:

Wichtige Notiz

Kapitel Ziel:

Kapitel:

Charaktere:

Handlung:

Wichtige Notiz

Kapitel Ziel:

Kapitel:

Charaktere:

Handlung:

Wichtige Notiz

Kapitel Ziel:

Kapitel:

Charaktere:

Handlung:

Wichtige Notiz

Kapitel Ziel:

Kapitel:

Charaktere:

Handlung:

Wichtige Notiz

Kapitel Ziel:

Kapitel:

Charaktere:

Handlung:

Wichtige Notiz

Kapitel Ziel:

Kapitel:

Charaktere:

Handlung:

Wichtige Notiz

Kapitel Ziel:

Kapitel:

Charaktere:

Handlung:

Wichtige Notiz

Kapitel Ziel:

Kapitel:

Charaktere:

Handlung:

Wichtige Notiz

Kapitel Ziel:

Kapitel:

Charaktere:

Handlung:

Wichtige Notiz

Kapitel Ziel:

Kapitel:

Charaktere:

Handlung:

Wichtige Notiz

Kapitel Ziel:

Kapitel:

Charaktere:

Handlung:

Wichtige Notiz

Kapitel Ziel:

Kapitel:

Charaktere:

Handlung:

Wichtige Notiz

Kapitel Ziel:

Kapitel:

Charaktere:

Handlung:

Wichtige Notiz

Kapitel Ziel:

Kapitel:

Charaktere:

Handlung:

Wichtige Notiz

Kapitel Ziel:

Kapitel:

Charaktere:

Handlung:

Wichtige Notiz

Kapitel Ziel:

Kapitel:

Charaktere:

Handlung:

Wichtige Notiz

Kapitel Ziel:

Kapitel:

Charaktere:

Handlung:

Wichtige **Notiz**

Kapitel Ziel:

Kapitel:

Charaktere:

Handlung:

Wichtige Notiz

Kapitel Ziel:

Kapitel:

Charaktere:

Handlung:

Wichtige Notiz

Kapitel Ziel:

Kapitel:

Charaktere:

Handlung:

Wichtige Notiz

Kapitel Ziel:

Kapitel:

Charaktere:

Handlung:

Wichtige Notiz

Kapitel Ziel:

Kapitel:

Charaktere:

Handlung:

Wichtige Notiz

Kapitel Ziel:

Kapitel:

Charaktere:

Handlung:

Wichtige Notiz

Kapitel Ziel:

Kapitel:

Charaktere:

Handlung:

Wichtige Notiz

Kapitel Ziel:

Diese Überraschungen müssen noch ins Buch...